J'apprends à jardiner

Texte : Emily Bone et Abigail Wheatley

Illustrations : Lisa DeJohn

Maquette : Helen Lee

Expert-conseil : Hayley Your

Traduction : Nathalie Chapu

SOMMAIRE

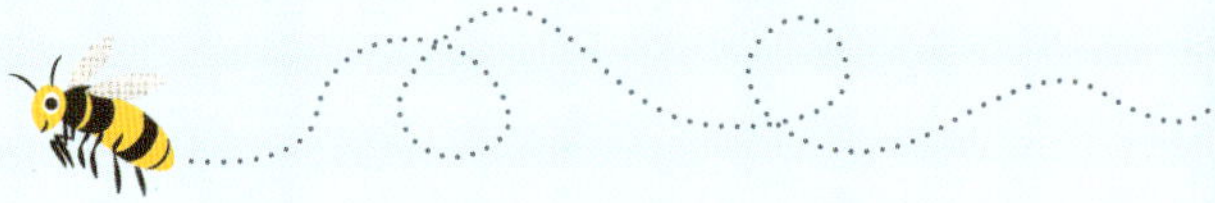

QUICKLINKS DES ÉDITIONS USBORNE

Tu trouveras sur Internet des liens vers des sites pour te renseigner sur les plantes, des explications pour les faire pousser en pot et bien d'autres choses encore. Pour cela, consulte : www.usborne.com/quicklinks/fr

Veille à suivre les règles de la sécurité sur Internet indiquées sur le site Quicklinks d'Usborne. Nous recommandons que les enfants soient toujours surveillés lorsqu'ils utilisent Internet.

INTRODUCTION

Pas besoin d'un jardin pour profiter pleinement des plantes proposées dans ce livre, car elles s'épanouissent en pots, aussi bien sur un balcon ou sur le rebord d'une fenêtre qu'à l'intérieur !

Avant de te lancer, lis avec soin les pages 6 à 15 au début du livre. Puis, à chaque fois, lis toutes les explications pour vérifier que tu as tout ce qu'il te faut sous la main.

COMMENT UTILISER CE LIVRE

Tu trouveras d'abord une introduction.

Liste de ce dont tu auras besoin.

Les conditions de sol, les périodes de plantation et de floraison des plantes

Comment débuter la plantation ou le semis.

Encore plus de conseils

Tu trouveras des astuces de jardinier en pages 6-15 et un glossaire en pages 62-63.

Sauf indication contraire, utilise la plante mentionnée avec le terreau indiqué et dans un pot troué correctement drainé. Pour les pots, voir page 6.

Surtout, bannis tous les produits chimiques avec les plantes destinées à la consommation. Tu trouveras des renseignements sur les fleurs comestibles sur le site www.usborne.com/quicklinks/fr/

LA SÉCURITÉ AU JARDIN

Comment s'habiller

Porte des chaussures fermées, au cas où tu laisserais tomber un outil sur tes pieds. Dehors, si le soleil brille, n'oublie pas ta crème solaire et ton chapeau !

Excréments d'animaux

Si tu jardines dehors, évite de toucher aux excréments de chiens ou de chats. Demande à un adulte de t'en débarrasser.

Les blessures

Si tu as une coupure ou des égratignures, attention de ne pas souiller la blessure avec de la terre. Mets un pansement et porte toujours des gants.

Si tu te blesses en jardinant, lave la blessure immédiatement et protège-la avec un pansement.

Attention, pas de terre ou de saletés dans les yeux !

Un mini-dossier sur le jardinage avec les enfants, sur le site www.usborne.com/quicklinks/fr/

En pages 14-15, tu trouveras des informations sur les ravageurs qui attaquent les plantes.

Le matériel de jardinage est vendu en grandes surfaces et dans les jardineries.

LE MATÉRIEL

Avant de te lancer dans le jardinage, lis toutes les instructions pour vérifier que tu as sous la main les plantes, les outils et le matériel nécessaires pour réaliser ce qui est proposé.

L'ARROSOIR

L'arrosage des gros pots, surtout à l'extérieur, se fait avec un arrosoir. Il sera doté d'une pomme d'arrosage percée de multiples trous afin que le jet d'eau, moins puissant, n'emporte pas la terre, les graines et les plants.

Une fois pleins d'eau, les gros arrosoirs sont lourds à porter. Sers-toi d'un petit arrosoir ou remplis un gros arrosoir à moitié seulement.

LES GANTS DE JARDINAGE

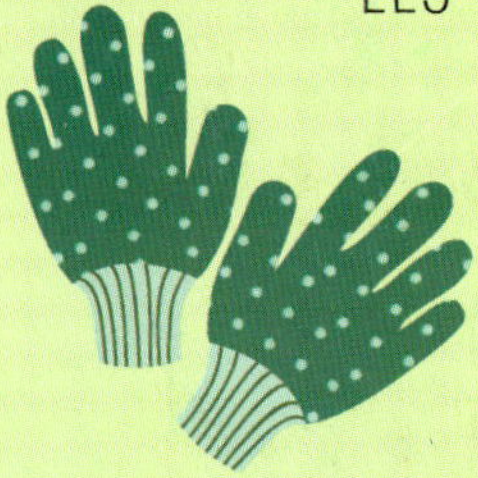

Le terreau, certaines plantes à tiges dures ou piquantes, certains bulbes ou certains fruits et légumes (fraises, citrouilles) peuvent être irritants pour la peau et provoquer des démangeaisons. Le mieux est d'enfiler des gants avant toute manipulation.

LES POTS

Consulte les explications pour savoir quel pot est le mieux adapté. En général et sauf indication contraire, les pots possèdent un ou des trous de drainage permettant d'évacuer l'eau et d'éviter que la terre ne soit détrempée.

Les paniers suspendus n'ont pas de trous de drainage, mais l'eau s'évacue quand même.

Les bocaux n'ont pas de trous de drainage.

Il existe dans le commerce des pots, des jardinières et toutes sortes de récipients conçus pour accueillir les plantes. Ils sont déjà percés. Pense à mettre une soucoupe dessous si tu les laisses à l'intérieur.

LES TUTEURS

Certaines plantes grimpantes ont besoin de tuteurs. Ils s'achètent dans les jardineries et sont souvent en bambou ou en bois. Vérifie leur taille pour ne pas avoir à les recouper.

Pense aussi que leurs pointes nues sont dangereuses et qu'il faut les couvrir pour éviter de s'éborgner.

Les capuchons de tuteurs s'achètent ou se fabriquent avec des petites bouteilles en plastique, des pots de yaourts ou de fleurs, ou même des coquilles vides d'escargots.

LE TERREAU

Plutôt que de la terre de jardin, nous te conseillons d'utiliser du terreau universel, adapté à toutes les plantes et proposé en jardineries.

Pour fabriquer le terreau et l'engrais – voir pages 60-61.

LES ÉTIQUETTES

Surtout si tu sèmes des graines, n'oublie pas les étiquettes pour te souvenir de leurs noms. Tu peux les acheter ou les faire toi-même avec des bâtonnets de glace. Écris le nom au crayon ou au feutre indélébile.

LA TRUELLE DE JARDIN

La truelle sert aussi bien à verser de la terre dans un pot qu'à transplanter des plants.

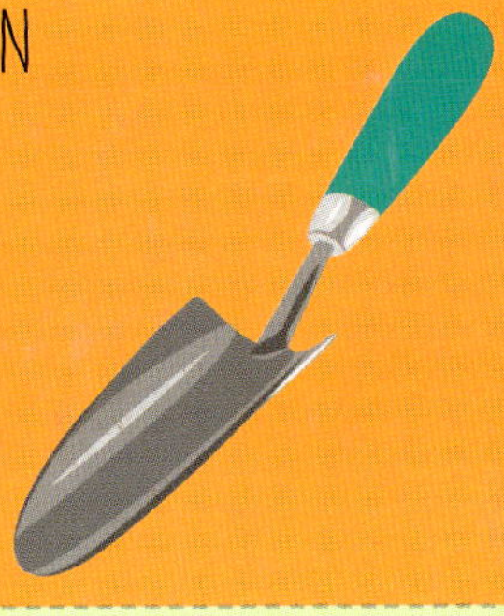

LE CRAYON

Un crayon peut être utile pour faire un trou dans la terre avant de semer ou de bouturer.

LES ENGRAIS LIQUIDES

Parfois, on te suggère l'utilisation d'un engrais liquide. Si tu l'achètes dans le commerce, suis scrupuleusement les instructions portées sur l'emballage.

UN BON DÉPART

Tes plantes sortiront de terre et se développeront au mieux si tu remplis les pots et sèmes les graines correctement.

Suis scrupuleusement les étapes indiquées pour chaque fleur, légume ou autre, car toutes les plantes n'ont pas les mêmes besoins.

REMPLIR UN POT

Remplir de terreau universel un pot, ou une jardinière, exige quelques préparatifs :

LE POT À SEMIS

1 Remplis le pot de terreau.

2 Émiette le terreau et nivelle la surface en appuyant doucement dessus.

LE GROS POT

1 Prends du terreau avec un petit pot et remplis peu à peu le gros pot jusqu'à environ 1 cm du bord.

2 Émiette bien le terreau. Tasse doucement pour niveler la surface.

LES RACINES

Pour croître, les racines ont besoin d'espace et d'un terreau de qualité dans lequel elles puiseront l'eau et les éléments nutritifs.

LE SEMIS

Le jardinage débute souvent par des semis. Mais toutes les graines ne se sèment de la même façon.

LES PETITES GRAINES

Petite graine (taille approximative)

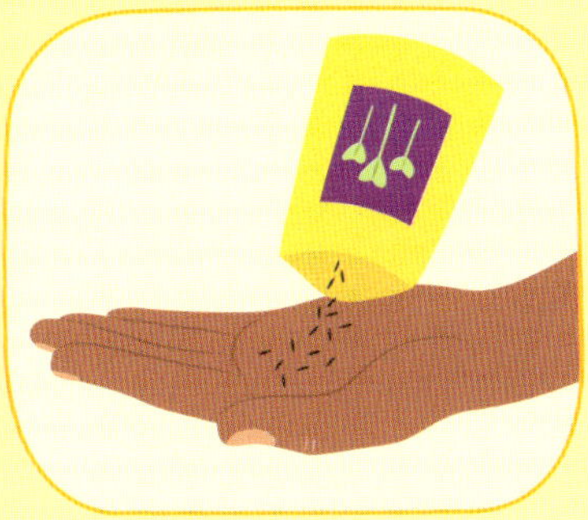

1 Fais tomber quelques graines dans ta paume et prends-en cinq ou six entre le pouce et l'index.

2 En zigzagant au-dessus du terreau du pot ou de la jardinière, laisse-les tomber. Pour cela, frotte doucement l'un sur l'autre ton pouce et ton index.

3 Recouvre les graines d'une fine couche (environ 1 cm) de terreau. Appuie doucement dessus pour tasser. Arrose copieusement.

LES GROSSES GRAINES

Une grosse graine (taille approximative)

1 Avant de semer, sauf indication contraire, arrose copieusement le terreau.

2 Prends une graine entre les doigts et enfonce-la de 3 cm dans le terreau.

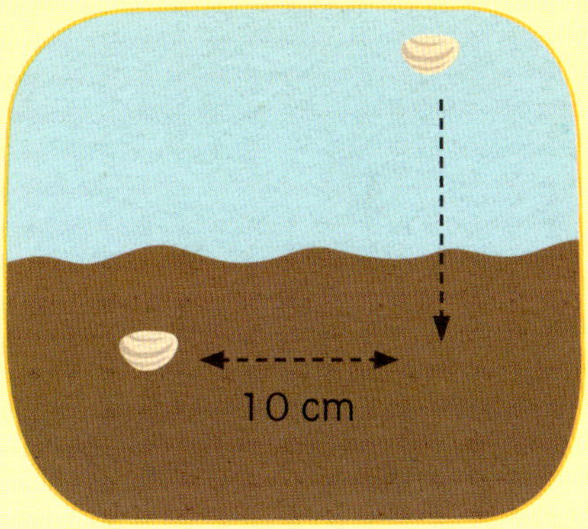

3 Recouvre le trou de terreau, que tu tasses doucement. Espace deux grosses graines d'au moins 10 cm.

DES PLANTATIONS RÉUSSIES

Voici quelques conseils pour s'occuper au mieux des plantes lors de leur croissance.

La plante, qui a déjà une forte tige et quelques feuilles, a besoin d'être rempotée quand ses racines commencent à sortir par les trous de drainage.

LE REMPOTAGE

Le rempotage consiste à déplanter une plante et à la replanter dans un pot plus grand.

Le pot doit être aussi gros que la plante à rempoter.

1

Remplis le nouveau pot de terreau, puis, avec un pot à la bonne taille, retire du terreau pour faire un trou.

Saisis la plante dans une main et renverse le pot sur l'autre main sans lâcher. Tire doucement sur le pot.

3

Enfonce la plante dans le trou fait à l'étape 1, puis rebouche tout autour avec le terreau mis de côté. Tasse doucement.

QUAND REMPOTER

Les racines d'une plante qui reste trop longtemps dans le même pot finissent par former une motte enchevêtrée, le feutrage : peu à peu, la plante s'asphyxie et meurt de faim.

Il n'est peut-être pas trop tard pour la sauver : rempote-la après avoir un peu démêlé ses racines.

ÉCLAIRCIR UN SEMIS

Un semis est souvent trop dense, surtout quand les graines sont petites. Les plants seront faibles. Il faut alors éclaircir le semis en supprimant les pousses les plus chétives pour permettre aux plus fortes de se développer et leur donner plus de place pour pousser.

1 Quand les pousses font environ 4 cm, repère les plus chétives, les moins feuillues et celles qui ne poussent pas droit.

2 Avec des ciseaux, coupe-les. Reporte-toi aux instructions du paquet pour connaître la bonne distance entre deux plants (en général 10 cm).

Si tu as semé deux grosses graines côte à côte, arrache la plus faible plutôt que de la couper.

LA DIVISION

Si deux pousses se développent correctement dans le même pot, mais qu'il devient trop petit, sépare-les et rempote-les.

1 Remplis deux pots de terreau et suis les étapes 1 et 2 ci-contre.

2 Sépare doucement les deux plantes : tu dois avoir deux pousses avec leurs racines et du terreau.

Il ne faut pas casser ou abîmer les racines.

3 Comme à l'étape 3 ci-contre, rempote les pousses.

ARROSER ET NOURRIR

Lors de leur croissance, toutes les plantes ont besoin d'eau. Mais trop d'eau ou pas assez peuvent les faire faner ou mourir.

Avec certaines plantes, comme les épiphytes (voir pages 32-33), l'arrosage sera différent. Consulte toujours les explications.

TROP OU PAS ASSEZ D'EAU

Il faut toujours arroser après un semis ou un rempotage.

1 Sers-toi d'un arrosoir pour distribuer de l'eau de façon uniforme, jusqu'à ce que le terreau soit bien humide.

2 Tous les deux jours, enfonce un doigt dans la terre. Un terreau humide peut attendre, un terreau sec doit être arrosé.

Si la journée est chaude et ensoleillée, vérifie le terreau.

Certaines plantes apprécient plus que d'autres d'être arrosées. Lis soigneusement les instructions chaque fois.

Si la tige, les feuilles ou les fleurs pendent, c'est que la plante manque d'eau. Arrose immédiatement.

Si l'eau éclabousse les feuilles et sèche trop vite, celles-ci vont jaunir et se faner.

Arrose de préférence le matin ou le soir, car il fait souvent plus chaud dans la journée. L'eau s'évapore alors trop vite ; la terre n'a pas le temps de l'absorber.

AU BON ENDROIT

1 Il faut toujours arroser autour de la plante, sans mouiller les feuilles ou les fleurs au risque de les voir jaunir.

2 S'il y a une soucoupe, verse de préférence l'eau dedans et laisse-la stagner une heure.

3 Retire ensuite l'eau qui reste : la plante a puisé ce qu'il lui faut et a laissé ce dont elle n'a plus besoin.

ÉCONOMISER L'EAU

Laisse quelques récipients dehors. Ils se rempliront dès qu'il pleuvra. Tu pourras alors verser cette eau de pluie dans un arrosoir. Elle est bien meilleure que celle du robinet.

LES ENGRAIS

Certaines plantes se développent mieux avec un apport d'engrais. Il est souvent sous forme liquide, et il suffit de le verser dans l'arrosoir. Respecte scrupuleusement les indications de l'emballage.

Tu peux faire ton propre engrais. Voir page 61.

LES RAVAGEURS

Certains animaux se nourrissent de plantes. Ils peuvent faire des dégâts dans les cultures en peu de temps. Voici quelques ravageurs bien connus et des astuces pour les éloigner.

LES CHENILLES

Les chenilles se nourrissent d'un grand nombre de plantes, surtout les feuilles des légumes d'Asie, les capucines et les salades.

LIMACES ET ESCARGOTS

Les limaces et les escargots raffolent des plantes à feuilles tendres, comme la salade.

Cherche les trous sur les feuilles et les pétales.

Si tu vois des limaces ou des escargots s'approcher de tes plantes, ramasse-les et dépose-les dans une zone dégagée de ton jardin. Les oiseaux ou d'autres animaux les trouveront sans doute à leur goût.

Si tu trouves des chenilles sur les jeunes plants, saisis-les et dépose-les là où les oiseaux ou d'autres animaux les verront. Les plantes plus âgées souffrent moins des attaques de chenilles.

Les limaces et les escargots se déplacent en glissant sur les surfaces lisses. Pour les décourager, répands du sable, de la cendre ou des coquilles d'œufs cassées.

Les chenilles ne sont pas toujours nuisibles, car elles se transforment en papillons, qui sont des insectes pollinisateurs.

Les limaces et les escargots n'apprécient pas l'odeur de l'ail ni de la ciboulette. Fais pousser ces plantes à côté de celles que tu veux protéger.

Œufs de chenilles

ALEURODES ET PUCERONS

Les aleurodes et les pucerons sont de minuscules insectes capables d'envahir les feuilles et les tiges de certaines plantes. Ils sucent la sève — le liquide nourricier dans la plante — et perturbent la croissance.

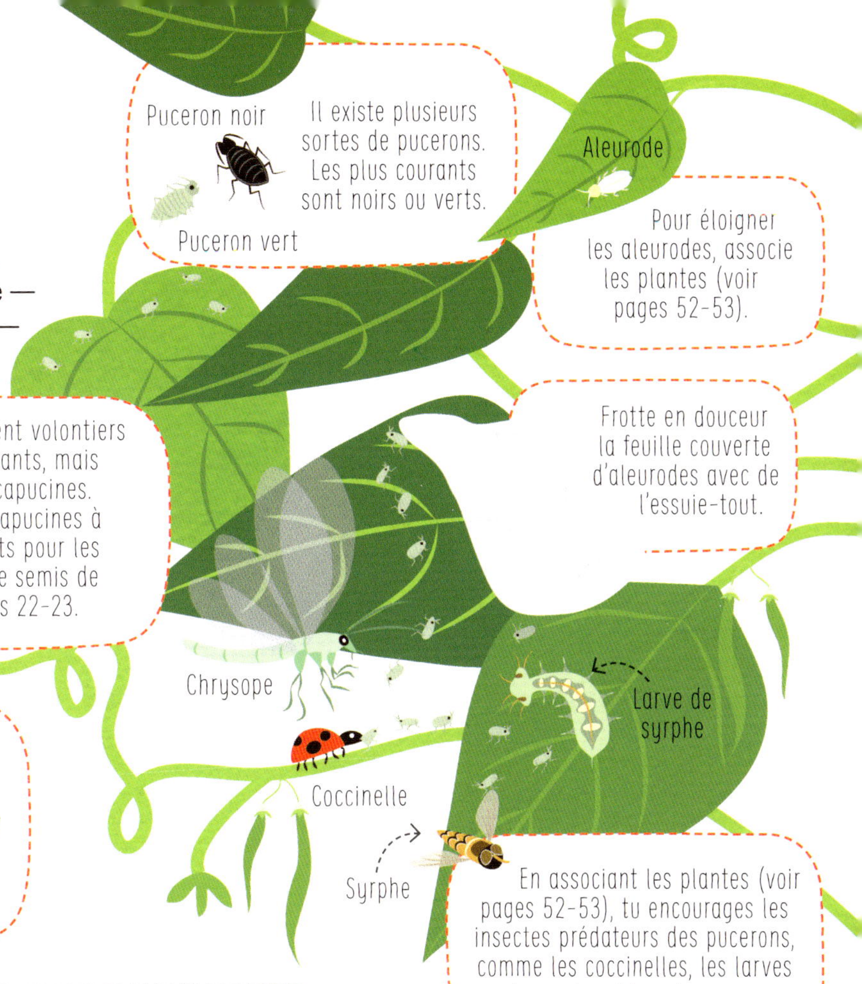

Il existe plusieurs sortes de pucerons. Les plus courants sont noirs ou verts.

Pour éloigner les aleurodes, associe les plantes (voir pages 52-53).

Frotte en douceur la feuille couverte d'aleurodes avec de l'essuie-tout.

Les pucerons attaquent volontiers les haricots grimpants, mais ils préfèrent les capucines. Fais pousser des capucines à côté de tes haricots pour les en éloigner. Voir le semis de capucines, pages 22-23.

Remplis un vaporisateur d'eau et asperge les pucerons. Le jet d'eau les fera tomber.

En associant les plantes (voir pages 52-53), tu encourages les insectes prédateurs des pucerons, comme les coccinelles, les larves de syrphe et les chrysopes.

LES ALTISES

L'altise est un petit coléoptère sauteur qui mange le feuillage en laissant des trous ronds caractéristiques.

Les altises attaquent les feuilles des légumes verts d'Asie, comme le chou chinois, mais aussi celles des pommes de terre et des radis.

Il y a plusieurs moyens de lutte : un terreau humide, car les altises prospèrent dans un sol sec, et un voile de protection sur les jeunes plants. Les plantes plus âgées résistent mieux.

LES CHATS

Les chats ne mangent pas les plantes, mais, en grattant le terreau pour faire leurs besoins, ils les délogent.

Les écorces d'orange, de citron ou de pamplemousse, ainsi que l'odeur de l'ail et de l'oignon sont des répulsifs.

UN JARDIN EN POTS

Ce livre est une introduction au jardinage. À travers les explications étape par étape pour cultiver diverses plantes, tu apprendras aussi bien à faire pousser des pommes de terre dans des sacs de terreau que des plantes sans terre.

LES TOURNESOLS

Le tournesol porte bien son nom puisqu'il suit la course du soleil tout le long de la journée. Il te suffit de quelques graines pour en faire germer.

SEMIS :
MARS À JUIN

FLORAISON :
JUILLET À OCTOBRE

EXPOSITION :
EXTÉRIEUR, AU SOLEIL

À PORTÉE DE MAIN :

★ 5 graines de tournesol (variété naine, Sunspot, Sungold ou Bigsmile)

★ un pot d'au moins 50 cm de diamètre avec du terreau universel

★ un crayon

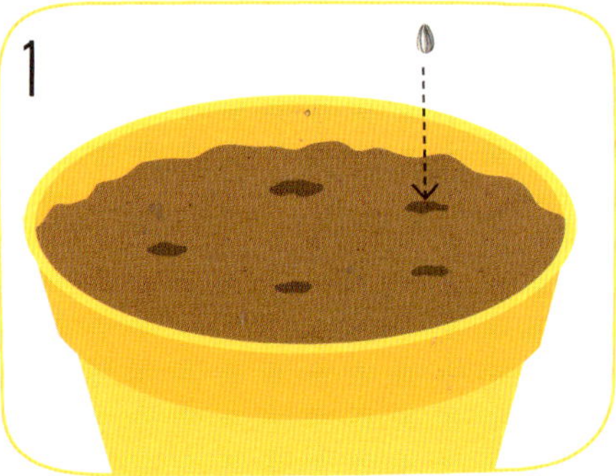

1

Enfonce le crayon dans le terreau pour faire un cercle de cinq trous, à égale distance et chacun profond d'environ 5 cm. Place une graine dans chaque trou. Comble avec du terreau et arrose bien.

2

Dispose le pot dehors dans un endroit ensoleillé. Vérifie régulièrement le terreau et arrose si besoin. Les pousses doivent sortir au bout d'une quinzaine de jours.

3

Arrache les plus faibles pousses et laisse les trois plus fortes dans le pot. N'oublie pas d'arroser. Quelques semaines plus tard, tu verras les boutons de fleurs se former.

LES RAVAGEURS

Reporte-toi page 58 pour savoir comment repousser les limaces et les escargots. Tu peux lutter contre les pucerons en associant les plantes envahies à de la ciboulette ou du cerfeuil (voir pages 52-53).

Les boutons vont grossir et s'ouvrir au soleil.

Les graines se forment dans le cœur de la fleur.

Laisse les fleurs fanées sur le pied. Peu à peu, les graines vont mûrir.

Dès que le terreau est sec, arrose. Arrête les arrosages quand toutes les fleurs sont flétries.

Récolte quelques graines pour les semer l'année suivante et laisse les oiseaux se régaler des autres.

VITE RÉCOLTÉS !

Si certains légumes et fines herbes n'arrivent à maturité qu'au bout de plusieurs mois, d'autres sont bons à manger une semaine plus tard.

Les micro-pousses se récoltent après l'apparition de leurs premières feuilles ; les oignons blancs de printemps et les radis germent en 4 à 5 semaines.

LES MICRO-POUSSES

À PORTÉE DE MAIN :

★ un paquet de graines à germination rapide (voir les suggestions ci-dessous)

★ un couvercle (pot de confiture ou autre)

★ de l'essuie-tout

SEMIS :
TOUTE L'ANNÉE

RÉCOLTE :
1-2 SEMAINE(S) APRÈS LE SEMIS

EXPOSITION :
INTÉRIEUR, AU SOLEIL

1 Dispose une feuille d'essuie-tout dans le couvercle. Vaporise de l'eau pour l'humidifier. Disperse quelques graines et laisse reposer dans un endroit ensoleillé. Arrose souvent pour garder humide.

Les micro-pousses grandissent peu, c'est pourquoi un couvercle convient parfaitement.

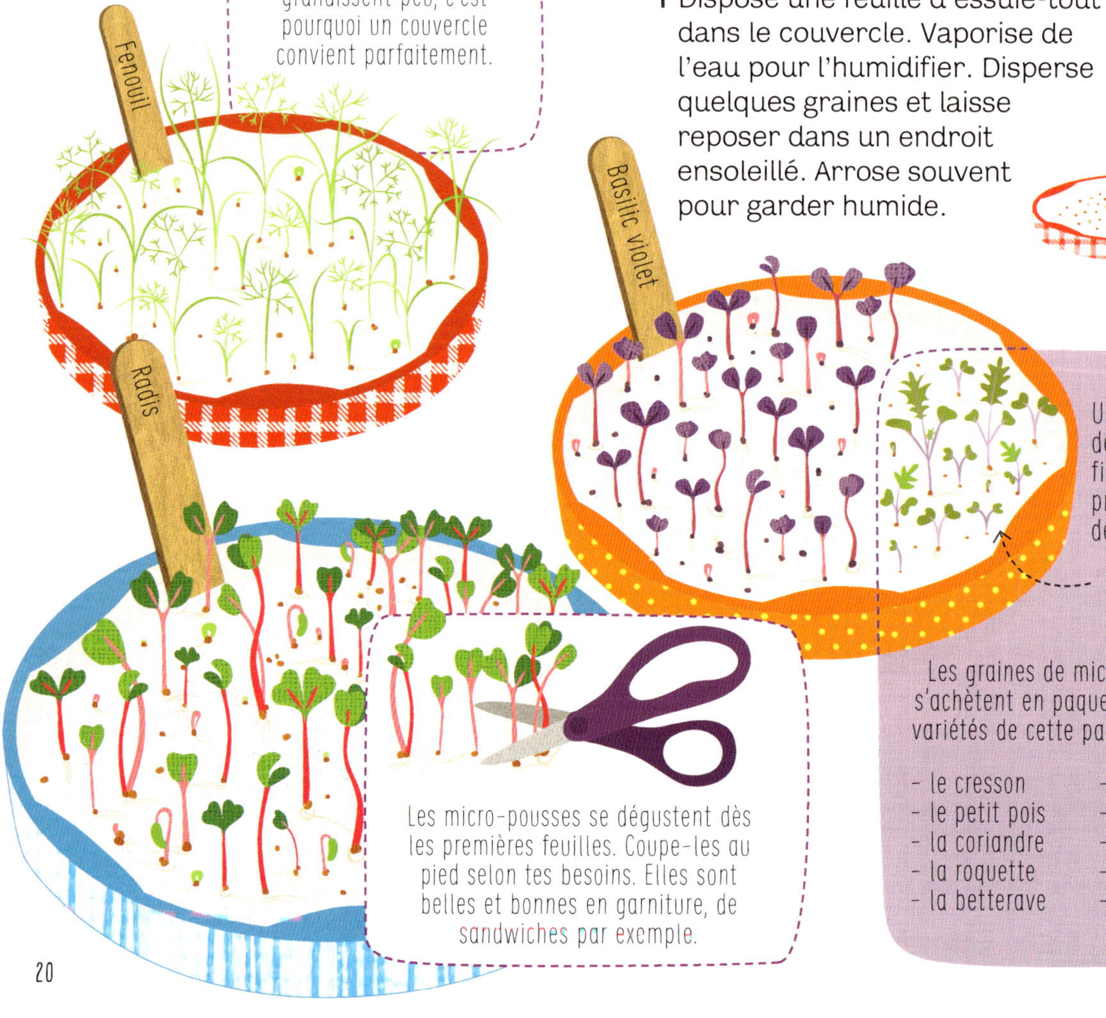

Un grand nombre de légumes et de fines herbes se prêtent au semis de micro-pousses.

Les micro-pousses se dégustent dès les premières feuilles. Coupe-les au pied selon tes besoins. Elles sont belles et bonnes en garniture, de sandwiches par exemple.

Les graines de micro-pousses s'achètent en paquet. Essaie les variétés de cette page, et aussi :

- le cresson
- le petit pois
- la coriandre
- la roquette
- la betterave
- l'oseille
- l'amarante
- le fenugrec
- la blette
- le basilic thaï

LES HÂTIVES

À PORTÉE DE MAIN :

- ★ un paquet de graines d'oignons blancs (hâtifs de Paris, de Rebouillon, très hâtifs de Vaugirard, très hâtifs de Barletta)
- ★ un paquet de graines de radis
- ★ une jardinière de 30 cm, profonde d'au moins 15 cm, avec du terreau universel et, si tu fais pousser à l'intérieur, une soucoupe

SEMIS :
AVRIL-SEPTEMBRE

RÉCOLTE :
4-5 SEMAINES APRÈS LE SEMIS

EXPOSITION :
INTÉRIEUR OU EXTÉRIEUR, AU SOLEIL

1 Arrose bien le terreau, puis trace une ligne de part en part et sème diverses graines (voir page 9).

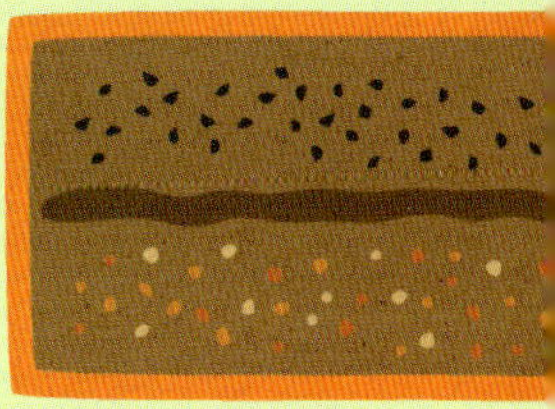

2

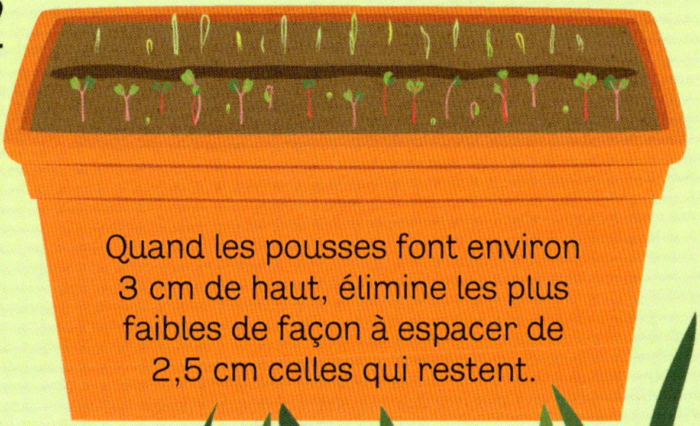

Quand les pousses font environ 3 cm de haut, élimine les plus faibles de façon à espacer de 2,5 cm celles qui restent.

DÉLICIEUSES CAPUCINES

En été et jusqu'à la fin de l'automne, de nombreuses fleurs aux coloris vifs s'épanouissent dans le feuillage foisonnant des capucines. Elles se consomment en salade. Leur goût est un peu poivré.

Quand elles sont fanées, récolte les graines : tu les sèmeras l'année suivante.

SEMIS :
MARS-MAI

FLORAISON :
JUIN-OCTOBRE

EXPOSITION :
PLEIN SOLEIL

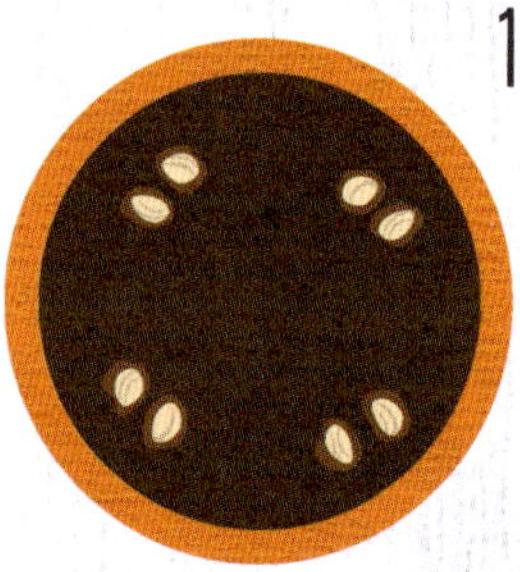

1 Enfonce, deux par deux, huit graines de capucines dans le terreau. Elles vont germer ; tu pourras couper ou arracher la plus faible des deux pousses pour n'en garder que quatre. Arrose une fois par semaine, ou plus si besoin.

2 Des fleurs s'épanouissent, puis fanent. En tombant, les pétales révèlent des graines verdâtres, groupées par trois. Quand les graines brunissent, détache-les.

Groupe de trois graines

3 Laisse-les sécher sur de l'essuie-tout, au soleil et à l'abri, pendant 2 à 3 semaines. Puis conserve-les dans un pot, dans un endroit frais (réfrigérateur), jusqu'au nouveau semis.

À PORTÉE DE MAIN :

- ★ 8 graines de capucines (grandes variées, Alaska variées, Boules de feu)
- ★ une jardinière d'au moins 40 cm avec du terreau universel
- ★ de l'essuie-tout
- ★ un récipient propre avec un couvercle pour conserver les graines

DES FLEURS UTILES

Les pucerons sont friands de fleurs de capucines. Si tu as des pucerons sur d'autres plantes de ton jardin, dispose des pots de capucines ; ils les coloniseront vite, sans les abîmer si elles sont arrivées à maturité.

Si tu n'as pas besoin des graines, tu peux consommer les fleurs en salade.

Les abeilles visitent régulièrement les capucines.

Ne les arrose pas trop – elles poussent mieux dans un sol un peu sec.

Certaines variétés sont grimpantes (vérifie sur le paquet de graines). Sème-les dans des paniers suspendus si tu veux qu'elles retombent sur les côtés,ou fais-les grimper long de tuteurs (voir page 54).

Cherche les graines tombées dans la jardinière.

LES BULBES EN POT

Certaines fleurs proviennent de bulbes, ou oignons — des bourgeons souterrains aux feuilles charnues. Dès l'automne, tu peux acheter des bulbes traités pour fleurir chez toi. Ils sont dits « forcés ».

À PORTÉE DE MAIN :

★ environ 3 ou 4 bulbes forcés, de variétés telles que muscaris, crocus, narcisses, iris nains ou autres

★ un petit bocal ou un de taille moyenne

★ des cailloux ou du gravier

★ du terreau universel

★ des gants de jardinier

PLANTATION : AUTOMNE

FLORAISON : 3-5 MOIS PLUS TARD

EXPOSITION : INTÉRIEUR, OBSCURITÉ, PUIS SOLEIL

1 Dispose des cailloux, ou du gravier, dans le fond du bocal. Remplis de terreau jusqu'à la moitié et enfonce un peu les bulbes, pointes vers le haut, au milieu.

Mets des gants : les bulbes peuvent être irritants.

2 Ajoute du terreau de façon à couvrir les bulbes en laissant le bout des pointes dépasser. Arrose jusqu'à couvrir la moitié des cailloux et assure-toi que le niveau d'eau reste le même.

3 Place le bocal dans un endroit frais et sombre (abri, garage, armoire). Vérifie toutes les semaines qu'il y a assez d'eau. D'ici 6 à 10 semaines, ils germeront.

4 Quand les pousses font 4 cm, mets le bocal chez toi dans un endroit chaud et lumineux — le rebord de la fenêtre est idéal. Le terreau doit rester humide.

Les pousses croissent et les bourgeons floraux sortent.

Vérifie le niveau d'eau et continue à arroser si nécessaire, même après la floraison.

Coupe les fleurs quand elles sont fanées et laisse le bulbe encore 6 semaines afin qu'il reconstitue ses réserves. Il pourra refleurir l'année suivante, mais pas à l'intérieur.

Un bulbe contient des réserves nutritives nécessaires à la croissance d'une plante.

À l'automne, plante les bulbes dehors, en terre ou en pot. Ils refleuriront l'année suivante.

Les racines sortent du bulbe pour puiser l'eau.

DANS L'EAU

Il est possible de faire fleurir des bulbes dans l'eau, sans terre, en ajoutant un morceau de charbon de bois afin qu'elle reste propre et ne sente pas mauvais.

Verse des cailloux jusqu'à la moitié du bocal et enfonce le charbon au milieu. Dispose les bulbes par-dessus, arrose jusqu'à couvrir les cailloux. Ne laisse pas sécher.

LA SALADE À COUPER

De nombreuses variétés de salades se récoltent en ne coupant que les quelques feuilles à consommer au repas. Ainsi, elles repousseront et serviront une autre fois.

SEMIS :
MARS À SEPTEMBRE

EXPOSITION :
OMBRE. LES PLANTS NE DOIVENT PAS ÊTRE TROP EXPOSÉS AU SOLEIL.

RÉCOLTE :
4 À 6 SEMAINES APRÈS LE SEMIS

À PORTÉE DE MAIN :

★ un paquet de graines de salade à couper (voir ci-contre « Bonnes feuilles »)

★ une grande jardinière, profonde de 10 cm, avec du terreau universel et une soucoupe, si tu fais pousser à l'intérieur

1 Reporte-toi page 9 pour les petites graines, et sème une vingtaine de graines de salade.

2 Place la jardinière dehors ou dedans, mais assure-toi qu'elle reste longtemps à l'ombre.

3 À mesure que les plants poussent, coupe ceux qui végètent avec des ciseaux.

DE BONNES FEUILLES

Il existe beaucoup de variétés de salade à couper. N'hésite pas à les mélanger ; il existe des paquets de mélanges tout faits.

Tu peux également te servir des feuilles du chou frisé, de la betterave et de la blette. Mieux vaut alors consommer ces feuilles jeunes.

TOMATES SUSPENDUES

Certaines variétés de tomates-cerises poussent mieux si leurs tiges retombent sur les bords d'un pot. Voici comment les cultiver dans un panier suspendu. Il est aussi possible de les faire pousser dans une jardinière ou un grand pot haut — voir comment procéder page ci-contre.

PLANTATION :	EXPOSITION :	À DÉGUSTER :
MAI	EXTÉRIEUR, AU SOLEIL	3 MOIS PLUS TARD

1 Pose la suspension en équilibre sur le gros pot, ou le seau. Garnis-la avec un plastique. Plaque-le bien à l'intérieur afin qu'il tapisse le centre de la suspension. Remplis de terreau.

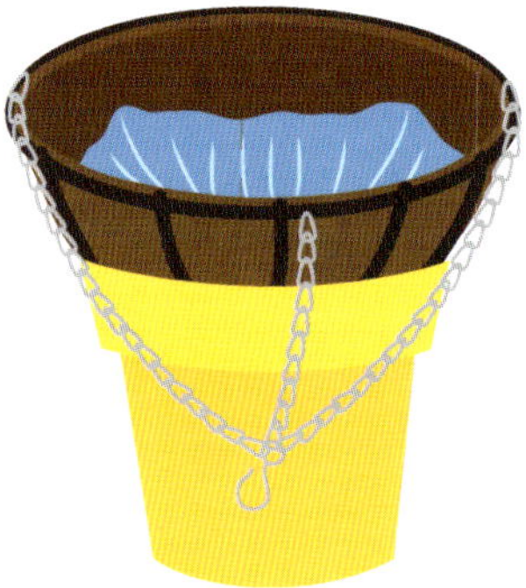

2 Fais un trou au milieu du terreau et mets le plant de tomates (voir page 10). Enfonce le petit pot à côté. Suspends, dehors, dans un endroit ensoleillé.

3 Arrose bien le terreau. Ensuite, arrose tous les jours. Une fois par semaine, ajoute un peu d'engrais (suis bien les instructions sur l'emballage) dans l'eau d'arrosage.

À PORTÉE DE MAIN :

★ une suspension avec son plastique et un coin ensoleillé pour l'accueillir – si tu n'as pas la place, utilise un grand pot ou encore une jardinière (voir ci-contre)

★ un gros pot ou un seau

★ un carré de plastique de 15 cm (découpé dans un vieux sac en plastique)

★ du terreau universel

★ 1 pied de tomates-cerises retombant, comme la variété Tumbler

★ un petit pot en plastique

★ de l'engrais pour tomates

LES RAVAGEURS

Les tomates ont de nombreux ennemis dont il faut se débarrasser. Va à la page 15 pour les pucerons et aux pages 52-53 pour les bonnes associations de plantes.

AUTRES POTS

Tu peux planter tes tomates dans un grand pot, d'au moins 50 cm de haut, avec du terreau. Dispose-le où tu veux, avant de suivre les étapes 2 et 3 ci-contre.

Une jardinière large et profonde d'au moins 20 cm convient aussi. Place-la dehors dans un lieu ensoleillé et remplis-la de terreau universel, puis suis les étapes 2 et 3.

LES FINES HERBES

Les fines herbes, cultivées pour leurs graines, leur tige et leurs parties vertes, ont un arôme et un goût prononcés. Il en existe beaucoup de variétés. On peut les obtenir à partir de graines ou de boutures.

DES HERBES UTILES

La forte odeur émise par certaines fines herbes repousse les limaces et les escargots. Un pied de ciboulette, planté près de certaines plantes, éloigne les ravageurs (voir pages 52-53 Les associations).

Frotte de la menthe ou de la ciboulette entre tes doigts : l'odeur mentholée ou d'ail et d'oignon est reconnaissable.

Tu peux faire pousser de la menthe à partir d'une tige coupée — on parle de bouture, voir ci-contre.

En été, des fleurs apparaissent. Les abeilles en raffolent !

Si la menthe fait de longues tiges qui partent dans tous les sens, taille-la. De nouvelles feuilles repousseront au pied.

Sème de la ciboulette. Ses feuilles pointues relèvent les salades et repoussent vite.

BOUTURES DE MENTHE

À PORTÉE DE MAIN :

- ★ 1 tige de menthe
- ★ un bocal
- ★ un pot d'au moins 10 cm de diamètre avec du terreau universel et une soucoupe, si besoin
- ★ un crayon

BOUTURAGE : MARS-JUILLET

RÉCOLTE : MAI-OCTOBRE

EXPOSITION : INTÉRIEUR OU EXTÉRIEUR, AU SOLEIL

1 Coupe une belle tige de menthe d'une plante et ôte les feuilles du bas pour la dénuder.

2 Remplis d'eau la moitié du bocal. Plonges-y la bouture de menthe et laisse sur un rebord de fenêtre ensoleillé. Patiente.

3 Quand les racines sont assez longues et épaisses, fais un trou dans le terreau avec le crayon. Enfonce la bouture et tasse la terre autour.

SEMIS DE CIBOULETTE

À PORTÉE DE MAIN :

- ★ un paquet de graines de ciboulette
- ★ un pot de 10 cm de diamètre avec du terreau universel et une soucoupe, si besoin

SEMIS : MARS-JUIN

RÉCOLTE : MAI-OCTOBRE

EXPOSITION : INTÉRIEUR OU EXTÉRIEUR, AU SOLEIL

1 Arrose le terreau et disperse quelques graines de ciboulette. Recouvre d'une fine couche de terre.

2 Dispose le pot au soleil. Vérifie l'humidité du terreau tous les jours et arrose si nécessaire.

UTILISATION

Le goût des fines herbes relève les recettes de cuisine.

Il existe de nombreuses recettes avec des fines herbes.

LES ÉPIPHYTES

Contrairement aux autres, les plantes épiphytes ne poussent pas dans la terre. Leurs feuilles puisent dans l'air et l'eau tous les nutriments vitaux. En suivant les étapes ci-dessous, apprends à faire pousser des plantes épiphytes chez toi.

CULTURE :
TOUTE L'ANNÉE

EXPOSITION :
INTÉRIEUR AÉRÉ ET LUMINEUX MAIS SANS SOLEIL DIRECT

À PORTÉE DE MAIN :

★ au moins 1 plante épiphyte (tillandsia par exemple)

★ des bocaux à large ouverture

1 Introduis la plante dans un bocal. Elle ne doit pas être à l'étroit. Place-le dans un coin aéré et lumineux mais à l'abri du soleil direct et loin d'un radiateur.

CONSEILS D'ARROSAGE

S'il fait chaud et sec, arrose la plante épiphyte deux ou trois fois par semaine.

Avant de la remettre dans son bocal, laisse-la bien sécher. Autrement, elle risque de pourrir.

Si possible, il est préférable d'utiliser de l'eau de pluie. Récupère-la en mettant un seau dehors.

2

Tu dois l'arroser environ une fois par semaine (voir Conseils). Pour cela, remplis un saladier d'eau et plonge la plante tête en bas dans l'eau. Laisse tremper 1 heure.

3

Sors la plante de l'eau, pose-la sur un torchon sec et fais-la sécher 4 heures dans un endroit aéré. Quand elle a séché, remets-la dans le bocal.

Sers-toi d'un torchon ou d'un gant de toilette.

En attachant une ficelle autour de l'ouverture, tu peux suspendre la plante près d'une fenêtre.

Les jardineries et les sites internet proposent de multiples variétés de plantes épiphytes.

Dans la nature, les plantes épiphytes se servent d'autres plantes comme supports. Elles peuvent ainsi se fixer sur les arbres avec leurs crampons.

Ce sont aussi des plantes à fleurs, de taille plus ou moins modeste selon la variété.

Un à deux mois après la floraison, elles produisent des rejets au pied. Ce sont de nouvelles plantes.

Quand le rejet a atteint la moitié de la taille du pied-mère, tords-le doucement pour le détacher. Place-le dans un bocal.

LES POMMES DE TERRE

Les pommes de terre sont des tubercules — des tiges souterraines gonflées de réserves nutritives. Tu peux les cultiver directement dans un sac de terreau. Choisis des plants hâtifs (comme Charlotte, Belle de Fontenay, Chérie, Amandine).

PRÉGERMINATION : FÉVRIER-MARS

PLANTATION : MARS-AVRIL

RÉCOLTE : JUILLET-AOÛT

EXPOSITION : INTÉRIEUR, PUIS EXTÉRIEUR AU SOLEIL

À PORTÉE DE MAIN :

★ 1 pomme de terre prégermée

★ un sac de terreau de 20 l. Tu peux planter 2 ou 3 pommes de terre dans un sac plus grand, mais il faudra quelqu'un pour le soulever avec toi.

1

La pomme de terre est plus résistante si le tubercule a germé avant la plantation. Pour cela, il suffit de le laisser au soleil.

2

Vide les deux tiers du sac de terreau et enroule les bords. Pose le tubercule germé dans la terre, couvre de terreau et arrose.

3

Tous les 2-3 jours, assure-toi que le terreau est humide. À mesure que la tige grandit, ajoute du terreau. En même temps, déroule les côtés du sac.

4

Quand les feuilles brunissent et que la tige s'avachit, les pommes de terre sont arrivées à maturité. Renverse le sac et cherche les pommes de terre dans le terreau.

Des tiges dressées et des feuilles vertes indiquent une bonne croissance.

Certains pieds fleurissent. C'est signe que des pommes de terre grossissent sous terre.

Les tiges et les feuilles sont toxiques et impropres à la consommation !

Le pied ainsi que les pommes de terre se développent dans le sac.

Les pommes de terre achetées dans le commerce pour la consommation ont souvent été traitées chimiquement. Préfère-leur des plants germés vendus en jardineries ou sur Internet.

BUTTER

Si le plant de pomme de terre reçoit trop de lumière, il verdit et devient toxique. Pour éviter cela, il faut le butter : ajouter du terreau autour de la tige à mesure qu'elle se montre.

LES PLANTES MELLIFÈRES

Les abeilles sont indispensables au jardin. En transportant le pollen de fleur en fleur, elles assurent la fécondation des plantes. Les fleurs deviennent des fruits, porteurs de graines, qui, en germant, donnent de nouveaux fruits et légumes. Attire-les avec des plantes mellifères.

SEMIS/PLANTATION : MARS-MAI

FLORAISON : MAI À OCTOBRE

EXPOSITION : DEHORS AU SOLEIL

À PORTÉE DE MAIN :

★ un gros pot, d'au moins 40 cm de diamètre avec du terreau universel

★ 2 plantes mellifères (voir ci-dessous) ou celles proposées dans ces pages

★ un paquet de graines de plantes sauvages en mélange ou de plantes mellifères (voir ci-dessous), ou bien celles proposées dans ces pages

QUELLES FLEURS CHOISIR ?

Une plante mellifère sécrète du nectar, dont se nourrit l'abeille. Les abeilles visitent surtout les fleurs qui produisent du nectar à leur portée.

Toutes les fleurs mentionnées dans cette page sont mellifères ou sauvages. Renseigne-toi auprès des jardineries ou visite les sites Internet pour connaître les variétés qui poussent dans ta région.

Les fleurs nourriront les abeilles pendant que les semis germeront.

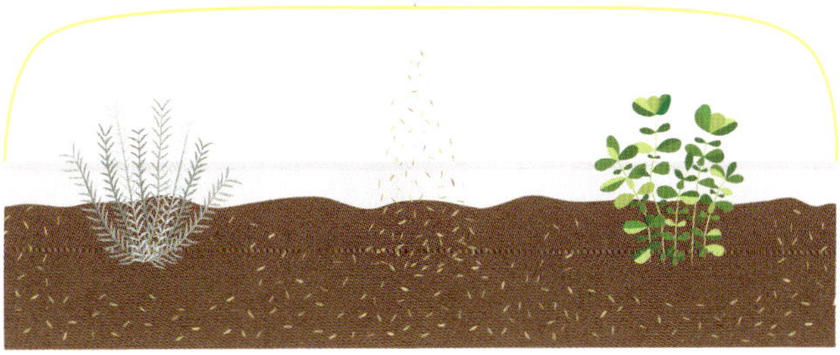

1 Enfonce deux plantes mellifères dans le terreau, en veillant à les espacer suffisamment.

2 Sème les fleurs sauvages ou les variétés mellifères dans le terreau (voir page 9 comment semer les petites graines), en laissant de la place autour des plantes.

Tous les 2-3 jours, arrose si le terreau est sec.

3 En 2 ou 3 semaines, les pousses devraient sortir de terre.

Observe ton jardin et compte combien d'insectes différents le visitent.

LÉGUMES D'ASIE

La Chine, le Japon, l'Inde et bien d'autres pays asiatiques offrent une grande variété de légumes verts. Ils poussent rapidement et n'ont pas besoin de chaleur, car alors ils montent en graine (voir ci-dessous). La plupart préfèrent un climat frais et humide.

SEMIS :
AVRIL-JUILLET OU AOÛT-SEPTEMBRE

RÉCOLTE :
JUIN-OCTOBRE OU SEPTEMBRE-NOVEMBRE

EXPOSITION :
EXTÉRIEUR, À L'OMBRE L'APRÈS-MIDI

À PORTÉE DE MAIN :

★ une jardinière d'au moins 30 cm avec du terreau universel

★ un paquet de graines de légumes d'Orient ou d'Asie — voir les suggestions page ci-contre

Laisse le terreau reposer toute la nuit dehors.

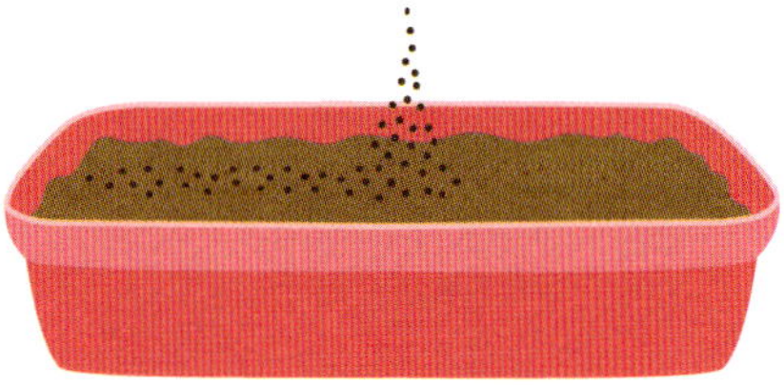

1 Sème en dispersant les graines régulièrement, puis recouvre d'une fine couche de terreau. Celui-ci doit être frais (la température).

2 Mets la jardinière dans un endroit frais — de préférence à l'ombre l'après-midi. Tous les deux jours, vérifie que le terreau est encore humide.

3 Coupe les plants faibles et laisse les plus robustes. Ils doivent être espacés d'au moins 10 cm. Arrose tous les deux jours. Le compost doit rester humide.

MONTER EN GRAINE

Lorsque l'excès de soleil ou le manque d'eau déclenche la production de hautes tiges, de fleurs puis de graines, au lieu de feuilles, on dit qu'une plante « monte en graine ». La croissance des plantes mentionnées dans ces pages est maximale lors de la saison des pluies, en Asie. Le climat est alors doux et humide.

LES RAVAGEURS

Limaces, escargots, chenilles et altises sont friands des légumes d'Asie. Voir pages 14-15 comment les éloigner des plantes.

Le bok choy est un chou à feuilles vertes et à tiges croquantes. Tu peux le laisser grossir et le cueillir entier ou, comme pour une salade à couper (voir pages 26-27), ne prélever à chaque fois que les feuilles nécessaires.

Le poireau chinois a un fort goût d'ail. S'il fait des fleurs, coupe-les. Cela n'entrave en rien sa croissance.

Certaines plantes montent en graine sans que cela nuise à leur croissance. Le brocoli chinois, ou kai jan, a des tiges épaisses, de grosses feuilles et des bourgeons floraux délicieux à cuisiner.

Les feuilles de la moutarde géante croissent mieux en climat frais, en automne et en hiver.

Les plantes doivent être à l'ombre une grande partie de la journée et bien arrosées. Les mois les plus frais de l'année leur conviennent parfaitement.

Les graines de légumes asiatiques sont vendues en jardineries ou sur Internet.

BOUTURES DE GÉRANIUM

Le géranium, en réalité pélargonium, à ne pas confondre avec le géranium vivace, qui a des tiges souple et des fleurs plus petites, offre des fleurs colorées. Son bouturage est un jeu d'enfants !

BOUTURAGE :
AOÛT OU SEPTEMBRE

FLORAISON :
MAI AUX PREMIÈRES GELÉES

EXPOSITION :
INTÉRIEUR PUIS EXTÉRIEUR, AU SOLEIL

Tige prélevée

1 Choisis une tige feuillue sans fleurs. Coupe un morceau long comme le doigt et laisse-lui deux ou trois feuilles. Prépare ainsi quatre autres boutures.

Bouture

2 Dans le gros pot rempli de terreau, fais cinq trous avec le doigt, ou un crayon, tout autour du bord. Enfonce une bouture par trou. Arrose pour humidifier le terreau.

3 Garde à l'intérieur jusqu'au printemps, dans un endroit ensoleillé, quand de nouvelles feuilles vont pousser. Arrose une fois par semaine, pour que ce soit juste humide.

4 Renverse le pot. Prélève les plants avec une motte de terreau autour des racines. Garde les trois plus beaux et plante-les dans les trois pots de taille moyenne. Mets-les dehors, au soleil, et arrose bien.

À PORTÉE DE MAIN :

- ★ 1 plant de pélargonium (encore parfois appelé « géranium » : vérifie auprès du vendeur)
- ★ un grand pot de 18 cm de diamètre environ avec du terreau universel et une soucoupe
- ★ un crayon
- ★ 3 pots moyens à semis d'environ 10 cm de diamètre avec du terreau universel, à réserver pour plus tard

LES RAVAGEURS

Protège les jeunes plants contre les limaces et les escargots quand tu les sors (voir les conseils en page 14). Une fois arrivés à maturité, les plants ne les craindront plus.

Dès les beaux jours, les boutures produisent des tiges florales : les boutons vont s'ouvrir.

Coupe les fleurs fanées pour encourager de nouvelles à pousser.

Les fleurs des boutures sont de la même couleur que celles du pied mère.

Arrose une fois par semaine : le terreau ne doit pas être détrempé. Arrose plus s'il fait très chaud.

La fin de l'été est idéale pour prendre des boutures. Garde-les à l'intérieur tout l'hiver, pour avoir d'autres plantes l'année d'après.

UNE MINI-MARE

Les plantes aquatiques sont des plantes qui poussent dans l'eau. Certaines doivent avoir seulement leurs racines sous l'eau, d'autres leurs tiges et leurs feuilles aussi. Ces pages expliquent comment faire une mini-mare agrémentée de diverses plantes aquatiques.

PLANTATION :
MARS-JUILLET

EXPOSITION :
EXTÉRIEUR, AU SOLEIL

À PORTÉE DE MAIN :

★ un récipient non troué d'au moins 25 cm de profondeur et 30 cm de diamètre

★ du gravier, lavé avant utilisation

★ 3-4 grosses pierres

★ 3 plantes aquatiques différentes en panier ajouré (voir ci-dessous quelques suggestions) :
- 1 plante émergente
- 1 plante à immerger
- 1 plante à feuilles flottantes

Les plantes préfèrent l'eau de pluie. Laisse le récipient se remplir dehors. Tu peux aussi te servir d'eau récupérée.

PLANTES À FEUILLES FLOTTANTES

Ce sont des plantes qui s'ancrent dans le fond de la mare et dont les feuilles et les fleurs flottent sur l'eau. Le populage des marais et le petit nénuphar en sont deux sortes.

Certaines plantes aquatiques sont nuisibles à la faune et à la flore sauvages. Renseigne-toi dans ta jardinerie locale avant d'acheter une plante.

PLANTES À IMMERGER

Elles reposent sur le fond et émergent un peu à la surface. Le cornifle nageant et l'hottonie des marais sont de bonnes variétés.

1 Place le récipient dehors. Verse une épaisse couche de gravier dans le fond et empile les grosses pierres sur un côté. Verse de l'eau du robinet ou de l'eau de pluie.

2 Verse du gravier au pied des plantes en paniers. Installe la plante émergente en la posant avec précaution sur une grosse pierre.

3 Dépose la plante à immerger et celle à feuilles flottantes (voir ci-contre) dans le fond.

PLANTES ÉMERGENTES

Les plantes émergentes poussent dans l'eau peu profonde en laissant flotter fleurs et feuilles, comme la véronique des ruisseaux, la lysimaque nummulaire et la menthe aquatique.

Une mare attire toutes sortes d'animaux — demoiselles et libellules, gyrins, grenouilles, salamandres... Essaie de les répertorier.

PETITES CITROUILLES

Les citrouilles sont des plantes rampantes munies de vrilles. Leurs fruits, du même nom, ont besoin de beaucoup d'eau et d'engrais pour se développer.

Voici comment réussir la culture de petites citrouilles en sac.

SEMIS :
MAI

RÉCOLTE :
OCTOBRE

EXPOSITION :
EXTÉRIEUR, AU SOLEIL

À PORTÉE DE MAIN :

★ 6 graines d'une variété porteuse de petits fruits (Baby Bear ou bien Jack Be Little)

★ un sac de culture

★ un crayon pointu

★ des ciseaux

★ 2 pots d'au moins 10 cm de diamètre

1 Avec le crayon, perce une dizaine de gros trous dans le sac. Ils serviront au drainage. Retourne le sac.

2 Découpe une longue fente au milieu du sac avec les ciseaux. Plante 3 graines assez serrées à 2 cm de profondeur d'un côté et répète de l'autre côté. Arrose bien.

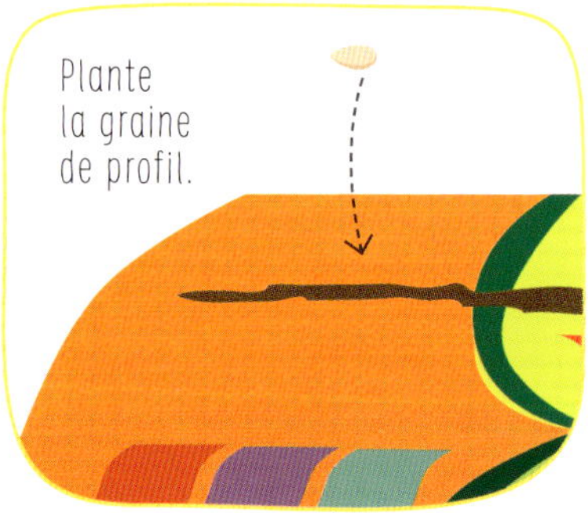

PRÉVENIR

Protège tes citrouilles des attaques des limaces et des escargots (voir page 14). La formation d'un duvet blanc en taches est peut-être due à une maladie, l'oïdium. Arrose régulièrement par précaution.

3 Vérifie le terreau tous les deux jours. Arrose si besoin. Après environ 2 semaines, des feuilles sortent. Quand elles font 5 cm, choisis la plus forte des trois plantules de chaque côté et retire les autres. Jette-les.

4 Enfonce les pots dans le terreau à 5 cm de chaque plantule. Vérifie tous les jours que le terreau est humide. S'il est sec, verse de l'eau dans chaque pot. Peu à peu, l'eau va l'imbiber.

Après 6-8 semaines, les fleurs apparaissent. Les citrouilles ne peuvent fructifier que si les abeilles, ou d'autres insectes pollinisateurs, les visitent (voir pages 36-37).

Fais de la place autour du sac de culture, car les citrouilles ont tendance à s'étaler.

Les fleurs qui fanent donnent des fruits : des petites citrouilles vertes qui vont grossir.

Pour assurer leur croissance, tous les 10-14 jours, donne-leur de l'engrais liquide à légumes que tu dilues dans l'eau (voir page 13).

Les citrouilles sont mûres quand elles sont dures et d'un bel orange. Tape-les ; elles émettent un bruit sourd. Coupe-les avec précaution.

Les citrouilles qui restent sur la terre nue ou l'herbe ont tendance à pourrir. Place une tuile ou un bout de bois ou de plastique dessous.

BULBES ÉTAGÉS

Voici comment planter dans un même pot toutes sortes de bulbes. Ils vont fleurir les uns après les autres, et tu en profiteras ainsi du printemps à l'été.

PLANTATION :	FLORAISON :	EXPOSITION :
AUTOMNE	FÉVRIER À JUIN	EXTÉRIEUR, À L'ABRI PUIS AU SOLEIL

1 Verse 10 cm de terreau dans le pot. Dispose les bulbes d'ail d'ornement en ligne, pointe vers le haut. Ils ne doivent pas être en contact ni toucher le pot. Ajoute 8 cm de terreau par-dessus.

Mets des gants : les bulbes peuvent être irritants.

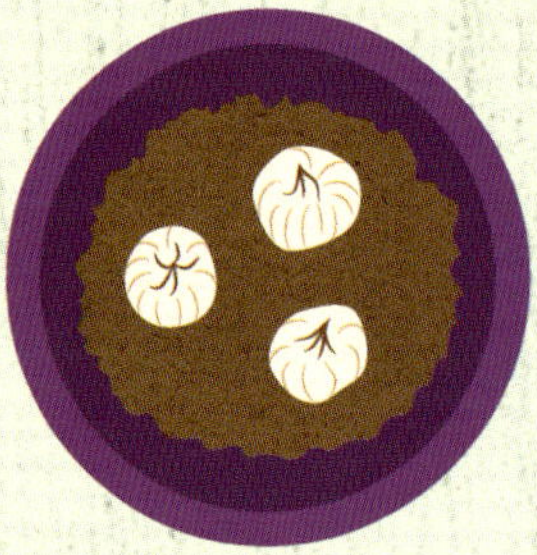

2 Dispose de la même façon les bulbes de tulipes sur la nouvelle couche. Ajoute 5 cm de terreau et recommence avec les jonquilles. Ajoute encore 5 cm de terreau dessus.

3 Place à l'extérieur, dans une zone abritée (devant un mur). Arrose bien. Au cours de l'automne et de l'hiver, assure-toi de temps en temps que le terreau n'a pas séché. Arrose, si besoin.

4 Au début du printemps, déplace le pot dans une zone ensoleillée. Vérifie toutes les semaines que le terreau reste humide.

À PORTÉE DE MAIN :

- ★ 5 bulbes de jonquilles ou de narcisses de préférence à floraison précoce (Early Sensation, Twinkling Yellow, February Gold)
- ★ 5 bulbes de tulipes de préférence à floraison de mi-saison (Darwin, Triomphe)
- ★ 3 bulbes d'ail d'ornement (allium hollandicum, variété Purple Sensation, de couleur violet foncé)
- ★ un pot résistant au gel de 30 cm de diamètre et au moins aussi profond
- ★ du terreau universel
- ★ des gants de jardinier

LES RAVAGEURS

Les limaces risquent de s'en prendre aux bulbes et aux plantes. Voir page 14 comment les éloigner.

AUTRES VARIÉTÉS

Si tu ne trouves ni jonquilles à floraison précoce ni tulipes à floraison de mi-saison, ce n'est pas grave ! Cela veut dire simplement que les floraisons ne seront pas étalées, mais simultanées.

LE MAÏS DOUX

Les épis de maïs que tu achètes sont des légumes qui poussent dans les champs, sur des pieds de maïs. Ils sont plantés serrés afin que leur pollen, qui n'est pas transporté par les abeilles mais par le vent, se dépose sans peine d'un pied sur un autre.

SEMIS (INTÉRIEUR) :	PLANTATION (EXTÉRIEUR):	RÉCOLTE :	EXPOSITION :
AVRIL-MAI		AOÛT-SEPTEMBRE	EXTÉRIEUR, AU SOLEIL

À PORTÉE DE MAIN :

- ★ 8 graines de maïs doux
- ★ 4 pots à semis d'environ 7 cm de diamètre avec du terreau universel et des soucoupes
- ★ plus tard, une jardinière d'environ 50 cm et 30 cm de profondeur avec du terreau universel

1 Arrose le terreau des quatre pots. Enfonce deux graines de maïs par pot. Dispose sur un rebord de fenêtre ensoleillé. Tous les deux jours, vérifie si le terreau a besoin d'eau.

2 Quand les plants font environ 4 cm, arrache ou coupe le plus faible de chaque pot. Enlève les soucoupes. Mets les pots dehors pendant une semaine.

3 Repique les quatre pieds dans la jardinière en les espaçant d'au moins 22 cm. Vérifie l'humidité du terreau tous les deux jours.

Une panicule, regroupant les fleurs mâles, émerge au sommet de la plante. Il produit le pollen (voir page 36).
Attention aux escargots et limaces !
Le vent transporte le pollen, venant du même pied ou des pieds voisins, sur les fleurs femelles, les soies. Il y a fécondation et formation de l'épi.
Participe à la fécondation en secouant doucement le pied afin que le pollen tombe sur les soies.
Dans l'épi, entouré de feuilles qui se dessèchent peu à peu, les grains se forment en 2 mois environ et les soies brunissent.
Retire les feuilles de l'épi pour voir apparaître les grains dorés.

FRAISES EN STOCK !

Les fraises poussent sur les longues tiges d'une plante feuillue, le fraisier. Si tu empiles un petit pot dans un grand pot, les fruits retomberont de chaque côté pour prendre le soleil et tu obtiendras plein de fraises sur un petit espace.

À PORTÉE DE MAIN :

- ★ 8 plants de fraisiers
- ★ 1 gros pot d'au moins 40 cm de diamètre et haut de 30 cm
- ★ 1 pot moyen de 25 cm de diamètre au maximum et haut de 20 cm
- ★ du terreau universel

PLANTATION : MARS-JUIN

RÉCOLTE : JUIN-AOÛT

EXPOSITION : EXTÉRIEUR, AU SOLEIL

1 Remplis les trois quarts du gros pot de terreau et pose l'autre pot par-dessus. Stabilise-le autour avec du terreau et remplis-le de terreau.

2 Fais huit trous dans le compost : trois dans le petit pot et cinq dans le gros. Plante ensuite les fraisiers dans les trous et arrose abondamment.

3

Vérifie l'humidité du terreau tous les deux jours et arrose si c'est sec. Les fraises sont bonnes à récolter quand elles sont bien rouges.

LES RAVAGEURS

Comme nous, les escargots et les limaces trouvent les fraises à leur goût ! Éloigne-les en répandant des coquilles d'œuf ou du gravillon autour de chaque plant, et enlève tout escargot ou limace qui menace ta production (voir page 14).

Les fraisiers apprécient un coin chaud et ensoleillé.

La fraise se développe au cœur de la fleur.

Les abeilles fécondent les fleurs des fraisiers. Voir pages 36-37 comment les encourager à visiter ton jardin.

LES STOLONS

Les fraisiers produisent de longues tiges, les stolons. Plante un ou deux stolons de chaque pied dans un nouveau pot et tu obtiendras un nouveau fraisier.

Coupe les stolons du pied de fraisier d'origine une ou deux semaines après la plantation.

D'abord vertes et petites, les fraises grossissent et rougissent à mesure qu'elles mûrissent au soleil.

LES ASSOCIATIONS

Certaines plantes, disposées à côté d'autres, leur sont bénéfiques, soit parce qu'elles éloignent leurs ennemis, soit parce qu'elles attirent les insectes qui s'en nourrissent ou les insectes pollinisateurs. Voir ci-dessous comment associer ces plantes compagnes.

L'aneth attire des auxiliaires : syrphes, coccinelles et guêpes prédatrices des nuisibles. Plantes-en près des fines herbes et des légumes.

Les capucines (pages 22-23) éloignent les pucerons des haricots (pages 54-55) et les aleurodes des tomates (pages 28-29).

La ciboulette (pages 30-31) repousse les pucerons des tournesols et des tomates, ainsi que les escargots et les limaces.

La menthe (pages 30-31) est à associer à la tomate, car elle décourage les aleurodes et les pucerons.

ŒILLETS D'INDE

À PORTÉE DE MAIN :

- ★ un paquet de graines d'œillet d'Inde
- ★ 3 pots à semis d'au moins 15 cm de diamètre avec du terreau universel

SEMIS :
AVRIL-MAI

EXPOSITION :
EXTÉRIEUR,
AU SOLEIL

FLORAISON :
10 SEMAINES
APRÈS LE SEMIS

1 Sème dix graines dans le terreau de chaque pot. Recouvre d'un peu de terreau. Arrose bien et place dans un endroit ensoleillé.

2 Vérifie souvent l'humidité du terreau. Arrose si besoin. En deux semaines apparaissent des plantules vertes. Laisse les quatre plus grosses et retire les autres. Arrose régulièrement.

Œillets d'Inde et salades, ou les légumes en général, font bon ménage. Leur odeur repousse pucerons et aleurodes et attire les auxiliaires du jardinier (voir glossaire).

FINES HERBES

À PORTÉE DE MAIN :

- ★ un paquet de graines d'aneth ou de cerfeuil
- ★ 2 pots à semis d'au moins 10 cm de diamètre avec du terreau universel

SEMIS :
AVRIL-JUIN

EXPOSITION :
EXTÉRIEUR,
AU SOLEIL

FLORAISON :
10 SEMAINES
APRÈS LE SEMIS

1 Sème 15-20 graines dans le terreau de chaque pot. Recouvre d'un peu de terreau et arrose bien. Place dans un endroit ensoleillé.

2 Vérifie souvent l'humidité du terreau. Arrose si besoin. En deux semaines apparaissent des plantules verdâtres. Arrose régulièrement.

Le cerfeuil s'associe bien à la tomate (pages 28-29) et au tournesol (pages 18-19). Son odeur éloigne les pucerons.

HARICOTS GRIMPANTS

Des haricots verts grimpants tout frais cueillis en été ! Ils ont de longues tiges délicates qui nécessitent un support. Pour cela, tu vas fabriquer un tipi maison avec des cannes, sur lesquelles ils s'enrouleront.

SEMIS :
MAI-JUIN

RÉCOLTE :
AOÛT-SEPTEMBRE

EXPOSITION :
EXTÉRIEUR, AU SOLEIL

À PORTÉE DE MAIN :

★ un gros pot d'au moins 30 cm de diamètre et haut de 40 cm avec du terreau universel

★ 8 graines de haricots verts grimpants (Sultana, Blue Lake, Blauhilde)

★ 4 cannes en bambou d'au moins 2 m de haut

★ un élastique

★ de la ficelle

1

Pour réaliser le tipi, noue un élastique atour du bout des cannes et écarte les autres bouts pour les enfoncer dans le pot.

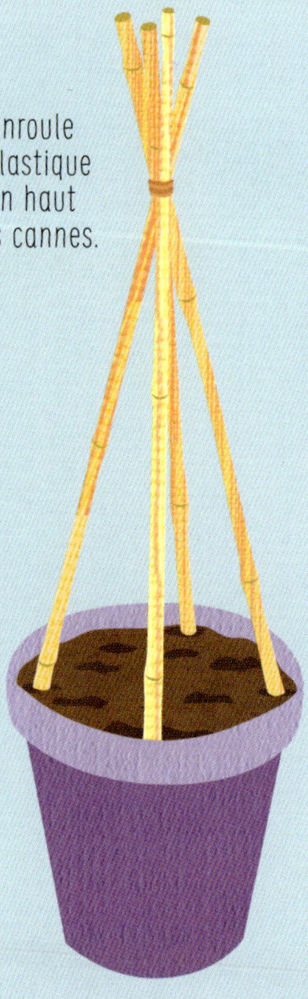

2

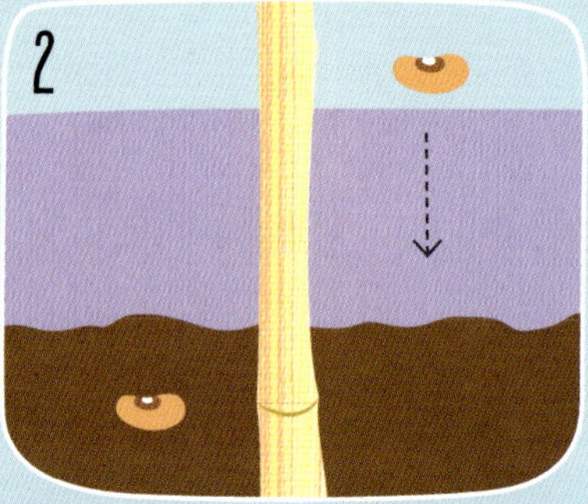

Sème deux graines près de chaque canne en les enfonçant dans le terreau. Arrose bien.

3

À mesure que les plantes poussent, retire la plantule la plus faible et attache les vrilles qui commencent à grimper le long des tuteurs.

LES RAVAGEURS

Limaces et escargots dévorent les jeunes pousses des haricots, et les pucerons aussi. Va pages 14-15 pour savoir comment les protéger des ravageurs.

Quand les tiges des haricots arrivent en haut des cannes, coupe-les (les pros disent « pince-les »). La plante concentrera son énergie sur les fleurs et les cosses.

Recouvre les bouts des cannes avec un capuchon (voir page 7). Ainsi, personne ne risquera de se blesser !

Les pétales tombent, révélant de minuscules haricots au milieu des fleurs.

Cueille les cosses quand elles sont fermes et font environ 10 cm de long. Une cueillette régulière garantit davantage de haricots.

Tu peux aider les plantes à s'accrocher aux bambous en enroulant doucement les tiges dessus.

Les pieds de haricots ont besoin de beaucoup d'eau — vérifie l'humidité tous les 3-4 jours. En pleine croissance, arrose tous les jours.

LES SUCCULENTES

Les succulentes sont des plantes à tiges, feuilles et racines épaisses, charnues et gorgées d'eau. Il leur faut des conditions sèches, à l'intérieur comme à l'extérieur.

Voici comment cultiver des petites succulentes en pot.

SEMIS :
PRINTEMPS OU ÉTÉ

EXPOSITION :
INTÉRIEUR OU EXTÉRIEUR, AU SOLEIL

FLORAISON :
PARFOIS, EN ÉTÉ

À PORTÉE DE MAIN :

- ★ 3 ou 4 plantes succulentes (des sempervivums dans une région à hivers froids, ou bien des échevérias dans une région à hivers cléments)
- ★ un pot à semis d'au moins 15 cm de diamètre
- ★ si tu cultives les succulentes à l'intérieur, il faut une soucoupe
- ★ du terreau universel
- ★ du gravier fin ou du gravillon horticole

1 Remplis à moitié le pot de terreau. Ajoute du gravillon ou du gravier : le pot doit être aux trois quarts plein. Mélange avec le terreau.

2 Fais trois trous dans le terreau, bien espacés. Plante les succulentes (voir page 10). Ajoute une couche de gravier ou de gravillon de ½ cm d'épaisseur à la surface du terreau.

3 Arrose. Vérifie l'humidité du terreau une fois par semaine. N'arrose que si c'est sec.

SUCCULENTE ?

Succulente signifie « pleine de suc ». Les succulentes sont des plantes qui emmagasinent des réserves sous forme liquide dans des feuilles coriaces, ce qui les protège de la sécheresse.

Feuille succulente coupée en deux

LES REJETS

Les succulentes font de multiples rejets, soit au bout d'une longue tige rampante, soit au pied. Quand ils font 2,5 cm de diamètre, retire-les et plante-les dans leur propre pot.

L'AIL

L'ail pousse sous terre en formant un bulbe arrondi, ou tête, constitué de caïeux, ou gousses, utilisés en cuisine. Plantée, la tête donne de hautes tiges vertes à l'odeur d'ail. Certaines variétés produisent de grosses fleurs rondes hérissées.

SEMIS :
OCTOBRE-DÉBUT DÉCEMBRE

RÉCOLTE :
FIN JUIN-JUILLET

EXPOSITION :
EXTÉRIEUR, AU SOLEIL

À PORTÉE DE MAIN :

- ★ 1 bulbe d'ail acheté sous forme de plant (variété à tige dure ou tendre, voir ci-contre)
- ★ un gros pot d'au moins 40 cm de diamètre et 40 cm de profondeur
- ★ du terreau universel
- ★ du gravier fin ou du gravillon horticole

1 Remplis un quart du pot avec du gravier et complète avec le terreau. Mélange bien.

2 Détache quatre gousses du bulbe d'ail en faisant attention de ne pas les peler. Sépare-les.

3 Enfonce les gousses de manière que le haut pointe sous la surface. Place dans un lieu ensoleillé. Arrose.

4 Des tiges vont émerger. Selon la variété, il y aura des fleurs (voir ci-contre). Les bulbes sont à maturité quand les feuilles jaunissent et s'affaissent. Renverse le pot pour sortir les bulbes.

Coupe les fleurs de l'ail à tige dure (voir ci-dessous), les gousses n'en seront que plus grosses. Cela ne nuit pas à la plante et les fleurs, avec leur goût d'ail doux, accommodent délicieusement les petits plats.

Si tu laisses les fleurs s'épanouir, les abeilles et les papillons ne manqueront pas de les visiter.

L'ail à tige tendre ne développe que des feuilles. Les fleurs sont le signe que la plante va mourir. Coupe-les, tu la sauveras peut-être.

L'odeur ou le goût de l'ail repousse de nombreux ravageurs. Associe-le avec des plantes compagnes afin de les protéger.

Quand la terre est sèche, arrose. Mais les bulbes d'ail étant sensibles à l'humidité, qui les fait pourrir, répands du gravier pour un meilleur drainage.

À TIGE DURE OU TENDRE

Il y a deux variétés d'ail : à tige tendre qui, en général, ne produit pas de fleurs, et à tige dure, ou à bâton, avec de longues tiges florales, ou hampes.

Sous terre, chaque caïeu forme un nouveau bulbe fait de plusieurs caïeux.

TERREAU ET ENGRAIS

Avec du terreau et de l'engrais achetés dans le commerce, tu peux réussir à cultiver toutes les plantes mentionnées dans ce livre. Mais tu peux aussi faire du compost maison.

LE COMPOST

Le compost, fabriqué à partir d'un mélange de déchets « verts » et « bruns » de la cuisine et du jardin, remplace la terre et l'engrais. À mettre : vieilles plantes, papier, carton, tontes de gazon et feuilles. À bannir : restes de plats cuisinés, viande, poisson, fromage, os, mauvaises herbes, plantes malades, bulbes, grosses tiges et bois.

L'ENGRAIS

Pour ton engrais maison, il suffit de laisser macérer des mauvaises herbes dans de l'eau et de récupérer ainsi tous les éléments nutritifs. Il te faut un pot et un seau avec son couvercle.

Verse les feuilles des mauvaises herbes dans un gros pot en plastique, ou un autre récipient troué.

Mets le pot dans un seau. Ajoute de l'eau jusqu'à recouvrir les feuilles. Ferme avec le couvercle.

Ouvre au bout de 6 semaines et soulève le pot. Le liquide saumâtre et nauséabond s'égoutte dans le seau. Débarrasse-toi des herbes sur le tas de compost.

Verse une tasse de ce liquide dans un arrosoir. Ajoute dix tasses d'eau.

Arroses-en tes plantes.

LE TERREAU DE FEUILLES

Le terreau fait de feuilles d'automne est aussi facile à obtenir que le compost maison, mais la décomposition prend, en général, plus de temps.

Fais un gros tas de feuilles d'automne et attends qu'il pleuve, ou arrose-les.

Mets-les dans un gros sac poubelle en plastique. Noue-le. Avec une fourche, perce le sac plusieurs fois. Fais bien attention !

Laisse le sac dans un coin abrité pendant un à deux ans.

Quand les feuilles se sont décomposées en un humus brun foncé, c'est prêt !

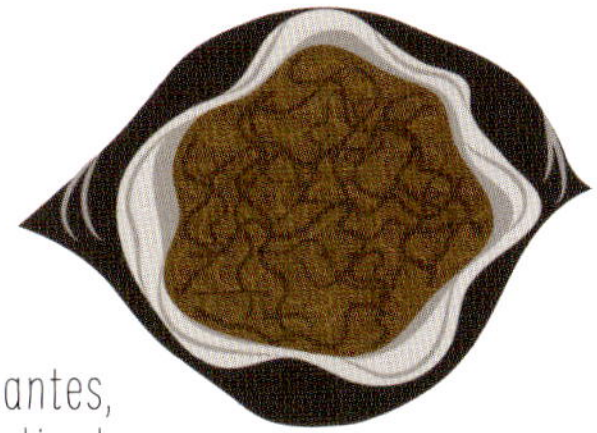

Bon pour les plantes, ce terreau maintient le compost humide.

Mélange le terreau de feuilles au compost, puis prends-en quelques poignées à épandre quand tu plantes ou rempotes.

GLOSSAIRE

Ce glossaire explique certains des termes employés dans ce livre.

aleurode (ou **mouche blanche**) Insecte qui pullule sur les plantes et aspire leur sève (voir *sève*) en perturbant leur croissance.

auxiliaire du jardinier Insecte utile (voir *insecte pollinisateur*).

bouton Jeune fleur pas encore ouverte.

bouturage Mode de multiplication de certaines plantes.

bouture Fragment de plante qui permet d'obtenir une nouvelle plante.

bulbe ou **oignon** Bourgeon souterrain duquel sortiront les racines, les tiges et les fleurs.

butter Couvrir un plant de terreau pour éviter qu'il reçoive trop de lumière et verdisse, comme les tubercules de pommes de terre, ou pour le soutenir, comme les pieds de haricots.

caïeu Petit bulbe produit par un plus gros.

comestible Qui peut être consommé.

compost Matière organique décomposée (déchets de la cuisine et du jardin) servant à la culture des plantes.

cosse Enveloppe recouvrant certains légumes, comme les haricots.

diviser Séparer deux pousses croissant dans le même pot.

drainage Évacuation de l'eau en excès par des trous percés dans un pot ou un sac.

éclaircir un semis Supprimer les pousses faibles ou les plus petites pour laisser se développer les plus robustes.

engrais Nourriture apportée à la plante pour favoriser sa croissance.

fines herbes Plantes à odeur et goût prononcés, souvent utilisées en cuisine.

feutrage Motte enchevêtrée de racines qui se forme quand une plante reste trop longtemps dans un pot.

gousse d'ail Chez l'ail, le caïeu se nomme aussi gousse. Il faut le planter pour obtenir une tête d'ail.

insecte pollinisateur Désigne un insecte, une abeille par exemple, qui transporte le pollen de fleur en fleur et permet ainsi sa fécondation.

légumes d'Asie Légumes originaires d'Asie, qui apprécient les conditions humides et fraîches.

micro-pousse Plante qui se récolte après l'apparition de ses premières feuilles.

nectar Liquide sucré contenu dans une fleur dont se nourrissent les abeilles et les papillons.

nutriments Éléments nutritifs.

oïdium Maladie qui prend la forme d'un duvet blanc en taches sur les feuilles et les tiges d'une plante. Elle est due à un champignon.

pied-mère Plante sur laquelle une bouture est prélevée.

pincer Couper, entre deux ongles par exemple, des bouts de tiges tendres.

plante aquatique Plante dont la tige, les racines et/ou les feuilles poussent dans l'eau.

plante compagne Plante qui repousse les ravageurs d'une autre plante.

plante épiphyte Plante qui n'a pas besoin de terre pour croître. Elle puise dans l'air et l'eau ce dont elle a besoin.

pollen Poussière jaune produite par les fleurs. Il contient les cellules reproductrices mâles nécessaires à la fécondation.

pollinisation Transport du pollen de fleur en fleur par les insectes pollinisateurs ou le vent.

pré-germination Laisser une pomme de terre germer, c'est-à-dire produire des germes, à l'origine de nouveaux pieds.

puceron Insecte de petite taille, vert, noir ou autre, qui pullule sur les plantes, se nourrissant de leur sève (voir *sève*). Les pucerons peuvent empêcher une plante de se développer.

racine Partie d'une plante qui pousse sous terre, où elle puise l'eau et les éléments nutritifs.

ravageur (ou **nuisible**) Animal qui dévore ou attaque les plantations, ce qui les affaiblit ou les détruit.

rejet Pousse qui se développe au pied d'une plante.

rempoter Replanter une plante d'un pot dans un pot plus gros.

repiquer Transplanter une plante issue d'un semis.

salade à couper Salade dont les feuilles, récoltées une à une, repoussent.

semis Méthode de multiplication des plantes par les graines.

sève Liquide nourricier dans la plante dont se nourrissent certains ravageurs, comme les pucerons.

stolon Longue tige au bout de laquelle apparaît une nouvelle plante. Les fraisiers, par exemple, produisent des stolons.

succulente (ou **plante grasse**) Plante à tiges, feuilles et racines épaisses, charnues, gorgées d'eau, qui pousse en zone aride.

trou de drainage Un trou ou plusieurs, permettant d'évacuer l'eau et d'éviter que la terre ne soit détrempée.

tubercule Racine ou tige souterraine gonflée de réserves nutritives. La pomme de terre est un tubercule.

INDEX

Directrice artistique : Mary Cartwright
Pour l'édition française : Rédaction : Renée Chaspoul et Stéphanie Stahl